À la plage

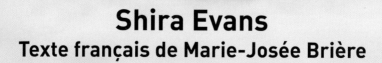

Shira Evans
Texte français de Marie-Josée Brière

■SCHOLASTIC

L'arbre du vocabulaire

LA PLAGE

CE QUI VIT SUR LA PLAGE

crabes
coquillages
étoiles de mer
algues
goélands

CE QUI FORME LA PLAGE

sable blanc
sable noir
rochers
marée
cuvettes de marée

Cette plage de sable se trouve
au bord de l'océan.

Certaines plages sont en sable blanc.

D'autres plages sont
en sable noir.

Cette plage est couverte de rochers.

Voici un goéland.

Voici des crabes.

Parfois, les crabes sont gros.

Et d'autres fois, ils sont petits.

Sur la plage, il y a aussi

différents coquillages.

La plage change tout le temps.

La marée peut être haute ou basse.

Quand la marée est haute,
il y a beaucoup d'eau.

Quand elle est basse,
il y a moins d'eau.

Quand la marée est basse,
on peut trouver

des cuvettes de marée.

des étoiles de mer et des algues.

Bientôt, la marée sera haute et la plage va encore changer.

À TON TOUR!

Décris chaque image de plage en te servant des mots ci-dessous.

sable blanc   rochers   cuvette de marée

goélands   sable noir

L'éditeur tient à remercier Kimberly Gillow, directrice d'école de la région de Milan, au Michigan, pour la relecture de cet ouvrage.

Catalogage avant publication de Bibliothèque et Archives Canada

Evans, Shira
[At the beach. Français]
    À la plage / Shira Evans ;
    texte français de Marie-Josée Brière.

(National Geographic kids)
Traduction de: At the beach.
ISBN 978-1-4431-6877-9 (couverture souple)

    1. Plages--Ouvrages pour la jeunesse.
    2. Écologie des rivages--
    Ouvrages pour la jeunesse.
    I. Titre. II. Titre: At the beach. Français
    III. Collection: National Geographic kids

GB453.E8314 2018   j551.45'7
C2018-900396-0

Édition publiée par les Éditions Scholastic, 604, rue King Ouest, Toronto (Ontario) M5V 1E1 avec la permission de National Geographic Partners, LLC.

5 4 3 2 1   Imprimé au Canada 119   18 19 20 21 22

Conception graphique de Sanjida Rashid

Références photographiques :
Page couverture, Spanishalex/Getty Images;
1, Aliaksandr Mazurkevich/Alamy Stock Photo;
2-3, Matteo Colombo/Getty Images; 4, tommasolizzul/Getty Images; 5, Philip Rosenberg/Getty Images;
6, Ian Trower/AWL Images Ltd/Getty Images;
7, ronniechua/Getty Images; 8-9, Photon-Photos/Getty Images; 10, Morales/Getty Images; 11, Colin Marshall/Minden Pictures; 12-13, Arco Images/Alamy Stock Photo; 14-15, Michael Marten; 16-17, Michael Marten; 18-19, John White Photos/Getty Images; 20, Craig Tuttle/Getty Images; 21, Richard Fairless/Getty Images; 22, Ralph Lee Hopkins/National Geographic Creative; 23 (en haut, à gauche), danilovi/Getty Images 23 (en haut, à droite), Michael Marfell/Getty Images; 23 (au milieu, à gauche), Sirachai Arunrugstichai/Getty Images; 23 (au milieu, à droite), Glow Images, Inc/Getty Images; 23 (en bas), Colin Monteath/Minden Pictures; 24, M Swiet Productions/Getty Images

MIXTE
Papier issu de sources responsables
FSC® C103113
www.fsc.org

NATIONAL GEOGRAPHIC KiDS

Des livres faciles à lire pour les enfants curieux!

NIVEAU 1

Des livres conçus pour l'initiation à la lecture.

NIVEAU 2

Des livres conçus pour les premiers lecteurs.

NIVEAU 3

Des livres conçus pour les lecteurs autonomes.

ISBN 978-1-4431-6833-5

ISBN 978-1-4431-6832-8

ISBN 978-1-4431-6023-0

Une porte ouverte sur un monde fascinant.
Des lectures passionnantes!

Les produits nets de National Geographic financent des programmes essentiels d'exploration, de préservation, de recherche et d'éducation.

Éditions **SCHOLASTIC**

scholastic.ca/editions

NATIONAL GEOGRAPHIC

ISBN 978-1-4431-6877-9   **7,99 $**

90000

9 781443 168779